Léon GROS

ALLOCUTION PRONONCÉE

A LA RÉUNION DES MÉDECINS DE LA COMPAGNIE DU NORD

Le 17 Octobre 1875

PAR

Le Dr Jules WORMS

Médecin en Chef de la Compagnie.

PARIS

IMPRIMERIE CENTRALE DES CHEMINS DE FER

A. CHAIX ET Cie

RUE BERGÈRE, 20, PRÈS DU BOULEVARD MONTMARTRE.

1875

Léon GROS

ALLOCUTION PRONONCÉE

A LA RÉUNION DES MÉDECINS DE LA COMPAGNIE DU NORD

Le 17 Octobre 1875

PAR

Le Dr Jules WORMS

Médecin en Chef de la Compagnie.

PARIS

IMPRIMERIE CENTRALE DES CHEMINS DE FER

A. CHAIX ET Cie

RUE BERGÈRE, 20, PRÈS DU BOULEVARD MONTMARTRE.

1875

ALLOCUTION PRONONCÉE

A LA RÉUNION DES MÉDECINS DE LA COMPAGNIE DU NORD

Le 17 Octobre 1875

MESSIEURS ET CHERS COLLÈGUES,

Avant de nous occuper de ce qui fait l'objet de vos réunions annuelles, permettez-moi de consacrer un instant à la mémoire de l'ami cher et regretté qui vous parlait naguère de cette même place. Je suis convaincu, d'ailleurs, qu'en évoquant son souvenir dès le début de cette séance, je ne fais que répondre au sentiment intime qui vous anime tous.

Je ne me sens autorisé à vous parler de Léon Gros qu'en raison seulement de l'amitié qui nous a unis longtemps tous deux. Si je ne puisais la liberté que je prends que dans le poste qu'il m'a été donné de tenir, j'aurais prié l'un d'entre vous d'exprimer à ma place les profonds regrets que sa mort a causés à tous ceux qui l'ont approché, et qui, par conséquent, l'ont aimé Mais autant que tout autre j'ai déploré la perte d'un excellent ami et d'un parfait honnête homme. Laissez-moi donc vous en dire quelques mots.

Je le vois encore, dans les derniers jours de sa vie, fatigué de ses souffrances, épuisé par une maladie dont il connaissait mieux que personne l'inévitable fin. Son doux sourire n'avait point quitté sa bouche aimable ; son regard limpide, toujours prêt à compatir, comme son cœur, aux douleurs de tous, avait conservé son expression mélancolique, interrogative et profonde. J'entends sa voix harmonieuse, ses paroles caressantes et affables qui avaient tant aidé à lui attirer de toutes parts l'affectueuse tendresse que sa bonté simple savait faire naître.

On peut dire de sa mort trop prévue, qu'elle parut être un coup imprévu du sort, et il n'en est pas un parmi ceux qui l'ont connu qui n'en ait été douloureusement frappé. Devoirs de famille, devoirs de citoyen, devoirs de médecin, il les a tous remplis avec la plus scrupuleuse religion, et la raison première qui lui a valu la situation éminente où la mort est venue le surprendre, a été sa foi robuste dans le devoir et l'amour qu'il avait pour le bien.

Les heureuses dispositions qu'il tenait de sa naissance furent développées merveilleusement par une éducation aussi tendre que virile. Il avait puisé dans sa famille, l'une des plus considérées de l'Alsace, l'exemple du travail et de l'honneur.

Dès son jeune âge, son esprit avait été dirigé vers les études sérieuses et approfondies. A l'École de médecine de Strasbourg, il se fit remarquer de bonne heure par la netteté de son intelligence. Dès lors ses maîtres furent frappés par sa prédilection pour l'observation sévère, son éloignement pour tout dogmatisme stérile.

Attaché successivement en qualité d'interne aux professeurs les plus respectés de l'École de Strasbourg, il a vu surgir et appliquer ces méthodes rigoureuses de clinique et de physiologie, qui sont devenues, depuis, les principales assises de la science. Il débuta dans l'exercice de la profession médicale à Sainte-Marie-aux-Mines, centre industriel important de la Haute-Alsace. Nommé bientôt après médecin en chef de l'hôpital de cette localité, il publia de nombreuses remarques intéressantes. Grâce à l'esprit critique dont ces remarques donnaient la preuve, elles attirèrent l'attention des savants. Un des premiers, il fit ressortir le caractère transmissible du choléra. Ses observations sur ce sujet portent l'empreinte de la méthode rigoureuse qui lui était propre. Mais l'activité de son esprit, le désir ardent d'étendre ses connaissances, devaient lui faire sentir l'exiguïté de son champ de travail. Il vint se fixer à Paris après avoir associé à sa vie une vaillante femme qu'il avait prise au sein de l'une des familles les plus honorées de l'Alsace. Il arrivait plein d'enthousiasme. Ses débuts dans la carrière lui permettaient d'espérer le succès.

La confiance du public ne fut pas longue à s'attacher à sa personne; les familles les plus considérables se confièrent à lui, et pendant quinze ans il en est resté l'arbitre médical. Chez tous, il était autant l'ami que le médecin; il devait en être ainsi. N'apportait-il pas, dans l'exercice de sa profession, toutes les qualités d'un esprit profond et attentif, en même temps que les formes les plus douces, la bienveillance la plus inaltérable, l'abnégation et le désintéressement?

Il attirait l'estime, la confiance et l'amitié; et j'ai pu voir, avec un sentiment d'orgueil pour notre corps tout entier, le chagrin, l'anxiété de ses clients, quand les atteintes de ce mal auquel il devait succomber l'empêchaient momentanément de leur apporter ses soins et son dévouement.

Le peu d'instants que lui laissait sa clientèle, il les consacrait à la science qu'il aimait tant, à laquelle il revenait comme à ses premières amours. Il voulut s'associer aux progrès de son art et donna le jour à de nombreuses et excellentes publications, qu'il serait inutile de mentionner ici; car toutes, j'en suis sûr, sont présentes à votre mémoire.

Il avait été pendant vingt ans l'un des membres les plus assidus et les plus actifs de la Société de Médecine de Paris et il eut l'honneur d'en être nommé le président dans le cours de l'année 1871.

J'ai parlé du confrère aimable, exempt de toute jalousie, plein d'honneur, plaçant au-dessus de tout sa dignité et la dignité de sa profession.

Vous, Messieurs, vous avez pu apprécier, pendant près de dix ans, le chef du service médical de la Compagnie du Nord. Je puis me permettre cependant de vous esquisser quelle a été son œuvre ici. Comme partout, il y a fait son devoir, et il a cherché à être utile à tous ceux qui l'entouraient, à quelque titre que ce fût.

Grâce à ses indications toujours écoutées, il a donné à l'organisation de notre service médical cette précision qui assure le concours rapide, savant et dévoué, de tous les médecins attachés à cette Compagnie, chaque fois qu'il devient nécessaire. D'une exactitude absolue, nul, mieux que lui, ne respectait les lois qui nous sont imposées et, grâce aux études persévérantes et minutieuses, dont ses rapports annuels seront une preuve permanente, il a su dégager des vérités importantes, au profit de l'hygiène du personnel des chemins de fer.

Une prédilection puissante pour ses fonctions pouvait seule lui faire vaincre des difficultés presque insurmontables. On en peut juger par l'importance de ses travaux statistiques. Mais il aimait avec passion ce qu'il appelait « *son Nord* ». Quelque temps avant sa mort, il me confia que les chagrins, que la maladie, le décidaient à renoncer aux fatigues de la clientèle. Il me reste *mon Nord*, ajouta-t-il, celui-là je ne le quitterai qu'avec ma vie. Il savait, j'en suis persuadé, qu'il exprimait une pensée dont la triste réalité devait être prochaine.

Une vie si pure et si pleine de sacrifices méritait une fin heureuse et tranquille, au milieu des joies de la famille. Cette fin lui fut refusée. Une fille bien-aimée, dans l'esprit de laquelle il était fier de voir se refléter son propre esprit, lui fut ravie.

Quelle douleur il éprouva ! Il regrettait moins sa vie qu'il sentait s'écouler, que la perte de sa chère enfant et que la perte aussi de son Alsace, à laquelle tant de pieux souvenirs l'attachaient.

Sa mort fut adoucie par la présence d'un fils qui suivra les traces de son père, et de sa femme, restée inconsolable au milieu de tant de ruines. La considération attachée au nom de Gros, les sentiments de profonde estime qui entourent sa mémoire, leur serviront peut-être d'allégement.

N'était-ce pas un devoir religieux à remplir, mes chers collègues, que de consacrer la première heure de cette réunion à ce pieux souvenir? Puissions-nous tous puiser un exemple fécond dans la vie de Léon Gros, qui fut un vaillant serviteur du devoir.

IMPRIMERIE CENTRALE DES CHEMINS DE FER. — A. CHAIX ET Cie,
RUE BERGÈRE, 20, A PARIS. — 15470 5.

3 7502 01001364 0